S tell dir vor, dass du ein Adler bist und dich der Zufall in eine Welt bringt, in der es keine Lüfte gibt, sondern nur die Erde. Und nur auf ihr darfst du dich bewegen.

Vielleicht lachen alle über dich, weil sie im Gegensatz zu dir die Erde beherrschen und du viel zu langsam und unbeholfen bist.

Doch niemand wird jemals erfahren, wie wundervoll du fliegen kannst.

Merit Bo

Der Zufall

Ein Theaterstück für die Jugend

Leitgedanke und Entwicklung eines
Theaterprojekts

Ausführliche Regieanweisung

Empfehlung: Unter- bis Mittelstufe

Bibliografische Information der Deutschen Nationalbibliothek
Die Deutsche Nationalbibliothek verzeichnet diese Publikation in der
Deutschen Nationalbibliografie; detaillierte bibliografische Daten
sind im Internet über http://dnb.d-nb.de abrufbar.

Impressum:

©2008 Merit Bo
Herstellung und Verlag: Books on Demand GmbH, Norderstedt
ISBN: 978-3-8370-4591-8
Fotografien: Scholten
Layout: Kirner
Cover: Kirner

Inhalt

●

Der Zufall

●

Der Flug des Adlers

Im Zeitalter der Medien und der Reizüberflutung verlernen bereits schon oft die kleinen Kinder, auf ihre inneren Stimmen zu hören und ihren Instinkten zu folgen. Während sie passiv am Tun der anderen teilnehmen, ist ihnen ihr eigenes Innenleben fremd geworden und während sie nach Konsum dürsten, ist ihr Traum vom Fliegen in Vergessenheit geraten.

Diese verloren gegangene innere Welt kann durch das Spiel wieder bewusst gemacht und erforscht sowie die durch Äußerlichkeiten geprägten und verinnerlichten Bedürfnisse als Ersatzideale und Scheinwelten entlarvt und schließlich überwunden werden.

Die Teilnehmer der → Theaterloge lassen sich auf das Abenteuer neuer Perspektiven ein, um Höhen und Tiefen, Licht und Schatten zu erkunden.

Als Adler erobern sie ihr Element zurück.

Die Theaterloge

ist eine freie Theatergruppe, die ihren Anfang im März 2003 mit Schülern und Schülerinnen eines Essener Gymnasiums fand. Nach mehrjähriger Theatertätigkeit war es für mich an der Zeit, im Bereich

Kinder- und Jugendtheater selbstständig und mit eigenen Stücken zu experimentieren.

Das während der Probenarbeit entwickelte Lernkonzept macht das Theaterspielen Kindern und Jugendlichen verständlicher und somit interessanter als das herkömmliche reine Auswendiglernen einer Rolle. Die oft sehr schweren Texte namhafter Schriftsteller, deren Qualität außer Frage steht, sind für viele sprachlich wie auch inhaltlich oft nicht mehr begreifbar, da sich das äußere Leben im stetigen Wandel befindet. In der Theaterloge erfahren die Teilnehmer, dass Schauspielen weniger eine Sache des Kopfes als eine des Herzens ist. In der englischen Sprache wird dies bereits durch den Begriff des Auswendiglernens klar → „to learn by heart".

Die Projektarbeit beinhaltet neben den regelmäßigen Proben eine eingehende Auseinandersetzung mit der in den Stücken enthaltenen Thematik sowie spezielle Übungen, die den Teilnehmern die Möglichkeit bieten, sich mit allen offenkundigen wie auch verborgenen → Facetten ihrer Persönlichkeit und schließlich mit eigenen Ideen einzubinden.

Theaterpädagogik wird für alle Beteiligten zum Aha-Erlebnis.

Schauspielen

bedeutet nicht nur das Auswendiglernen eines Textes. Es bedeutet ebenso wenig, nur vorzugeben, ein anderer zu sein - sondern man muss genau derjenige sein, den man gerade spielt. Um derjenige sein zu können, den man gerade spielt, muss man erkennen und zulassen, dass dieser Andere ein Teil von uns selbst ist, den wir aus der Reserve locken müssen.

Facetten

„Ich bin stark und du bist schwach ... er ist zornig ... sie geduldig!" Jeder kennt diese allzu früh erlernten und verinnerlichten Bilder, die blind für neue Perspektiven machen.

Die Beurteilungen „stark, schwach, zornig" etc. sind weder falsch noch richtig in ihrer Ausschließlichkeit, denn es sind lediglich unterschiedliche Sichtweisen. Es ist eine Frage des Gegenübers und des „Zufalls", zu welchem Zeitpunkt, aus welchem Grund und in welcher Intensität die einzelnen Facetten der Persönlichkeit zur Geltung kommen und Resonanz finden. Dass der Zufall de facto eine Chance bedeutet, wird ebenso wie beim vorangegangenen Beispiel des Auswendiglernens in der englischen Sprache deutlicher → „chance" als eine Variante der Übersetzung.

Ein Ziel meiner Arbeit ist es, möglichst viele dieser Facetten für alle sichtbar zu machen, besonders jene, die von den wenigsten Teilnehmern vermutet werden. Durch einige Übungen lernen wir, ein wenig um die Ecke zu denken und erfahren schließlich, dass gerade die nie vermuteten Anteile der Persönlichkeit sogar sehr stark vorhanden sein können und geradezu vehement an die Oberfläche drängen.

Diese aus der Tiefe zu bergenden Anteile werden jedoch durch Hemmungen und verinnerlichte eigene wie auch fremde Bilder und der daraus resultierenden Erwartungshaltung immer wieder gebremst, was die eigenen Hemmungen wiederum verstärkt. Somit schließt sich der Kreis, der den Menschen in den vertrauten Rollen seines Lebens gefangen hält.

Im Spiel bzw. Schauspiel können und müssen diese Barrieren durchbrochen, muss die Fülle der Facetten wahrgenommen und aus der Reserve gelockt werden. Diese anderen Seiten aus der Tiefe zu bergen ist manchmal erschreckend, bereichert und harmonisiert jedoch unsere Persönlichkeit, denn ist die Gefahr erkannt, wie der Volksmund sagt, ist sie gebannt.

Gegen die bislang gehegte Vorstellung vom Auswendiglernen eines Textes und vom Hineinschlüpfen in einen anderen Charakter, wird das Rollenspiel immer mehr als eine Möglichkeit des Seins verstanden, werden die Wesenszüge der darzustellenden Person als Teil der eigenen Persönlichkeit angenommen.

Das Erstellen eines → Persönlichkeitsprofils hilft dabei, den Blick nicht nur für die eigenen ungeahnten Facetten, sondern auch für die der anderen zu öffnen und völlig neue Sichtweisen zuzulassen.

Genau mit dieser Thematik setzt sich der Einakter **Der Zufall** auseinander.

Projektplanung

Die Teilnehmer werden in drei Gruppen aufgeteilt.

Gruppe 1: Zwei Jungen und zwei Mädchen, die sich während des gesamten Stückes auf der Bühne befinden und eher größere Textpassagen lernen müssen.

Gruppe 2: Eigentlich nur ein Duo. Ein Junge und ein Mädchen. Beide befinden sich nur zeitweise auf der Bühne. Ihre Textpassagen sind relativ klein.

Gruppe 3: Etwa 16 Kinder haben *eine* identische Aufgabe, die darin besteht, in zwei kürzeren pantomimisch zu gestaltenden Sequenzen gemeinsam aufzutreten. Die erste Sequenz erfordert 8 bis 12, die zweite Sequenz 12 bis 16 Darsteller. Bei einer dritten Sequenz singen sie mit allen anderen Darstellern das Abschlusslied, zu dem sie der **Pianist** begleitet. Erfahrungsgemäß gibt es in jeder Schulklasse ein Kind mit entsprechendem Können.

Da nicht jeder unbedingt eine Hauptrolle spielen möchte, empfiehlt es sich, schon vor Probenbeginn den Teilnehmern die Möglichkeit zu geben, sich für eine Gruppe zu entscheiden. Neben gemeinsamen Übungs- und Spielproben sollte am Stück zunächst nur gruppenweise geprobt werden, da das Erfordernis an Zeitaufwand und Arbeitsweise sehr unterschiedlich ist. Gerade Kinder sollten nur dann den Proben beiwohnen, wenn sie stets im Einsatz sind. Erst im letzten Monat sollten Proben und Durchläufe mit allen Teilnehmern stattfinden. Der Einsatz von Kostümen, Maske und Bühnenbild geschieht am sinnvollsten schrittweise. Bei jeder noch so begeisterten und fleißigen Gruppe schleicht sich irgendwann durch ständiges Wiederholen einzelner Szenen eine untrügliche Ermüdung ein. Genau zu solch einem Zeitpunkt führt ein weiteres Element umgehend zu neuer Motivation und unbändigem Elan.

Persönlichkeitsprofil

Die Kinder erhalten eine Liste mit den Namen aller Teilnehmer einschließlich ihres eigenen Namens, der zweckmäßig besonders markiert wird, um das spätere Zuordnen zu gewährleisten. In diese Liste tragen die Kinder aus ihrer Sichtweise typische Charaktereigenschaften der anderen Teilnehmer ein. Auch eine Eigenbeurteilung ist sehr aufschlussreich. Um nun die Übersicht zu wahren, werden in einer geräumigen Tabelle waagerecht wie senkrecht die Namen aller Teilnehmer eingetragen, so dass jede abgegebene Beurteilung in die entsprechenden Felder eingetragen werden kann. Auf die Art hat man in einer Spalte mitunter bis zu 20 verschiedene typische Charaktereigenschaften, die aus den unterschiedlichsten Sichtweisen resultieren. Diese Kinder haben ein leichtes Spiel, noch weitere Facetten ihres Wesens aufzudecken und Akzeptanz zu finden.
Ein Teilnehmer mit meist identischen Beurteilungen dagegen scheint nahezu mit einem Bann belegt zu sein. Die anderen davon überzeugen, dass er ebenso

Variable hat, bedeutet nicht selten erbitterten Kampf. Das Problem liegt jedoch nie im Bemühen dieses Kindes, sondern in der Uneinsichtigkeit der anderen. Einige können ihre Sichtweise nicht ändern, andere wollen nicht.

Gleichwie die Unsicherheit eines Teilnehmers beispielsweise nicht nur eine seiner Facetten vorweist, so ist sie auch willkommen für sein Gegenüber, der diese auch ihm eigene Facette allzu gern aus seinem Inneren verbannt und unbewusst auf den anderen projiziert. Wird im Folgenden durch ein Gespräch sowie durch Übungen und Rollentausch die Unsicherheit des projizierenden Kindes sichtbar gemacht, kann es schließlich dem ursprünglich explizit mit Unsicherheit behafteten Kind durch neue Sichtweisen begegnen. Lässt sich die eigene Unsicherheit erklären, bisweilen als Notwendigkeit wie z. B. als Kontrapunkt zu Übermut und Leichtsinn, wird das Erkennen der eigenen „Schwäche" als Stärke empfunden. Die Schwäche selbst wird legitim.

Das Persönlichkeitsprofil soll helfen, das Zusammenspiel so interessant und reichhaltig wie möglich zu gestalten sowie das Gruppengefüge zu vertiefen und durch neue Sichtweisen zu bereichern. Sozialverhalten und Persönlichkeitsbildung profitieren davon.

Es sollte in regelmäßigen Abständen wiederholt werden, um zu sehen, was sich bereits geändert hat. Eingehende Gespräche, Übungen und der Rollentausch unterstützen die Entwicklung.

Übungen

Es gibt eine Fülle qualitativer Literatur im Bereich Theaterpädagogik, in der zahlreiche Übungen sehr ausführlich beschrieben werden. Ich gebe jedoch zu bedenken, dass Orientierungen an Richtlinien nicht selten zu Lasten der eigenen Intuition gehen. Daher möchte ich an dieser Stelle weder eine Literaturempfehlung geben, noch eigene Übungen detailliert vorstellen. Die beste Übung ist immer die, die einem spontan einfällt, da sie aus dem Gespür für das Wesen der Kinder und Jungendlichen gewachsen ist.

Einen ganz einfachen Rollentausch, um es bei diesem einen Beispiel zu belassen, empfinde ich persönlich stets als eine der fruchtbarsten Übungen. Auf spielerische Weise können die Teilnehmer ungehemmt in die Rolle ihres Gegenübers schlüpfen und ihm den Spiegel vorhalten. Übertreibungen sind dabei erwünscht und sehr beliebt, da sie Spannungen lösen und den „negativen" Eigenschaften die Schwere nehmen.

Zu guter Letzt sind insbesondere die Teilnehmer einer Schülertheatergruppe euphorisch und schöpferisch genug, um selbst ausreichend Material zu liefern.

Eine immer wieder populäre Hausaufgabe: Jeder denkt sich eine Übung aus und übernimmt während der Durchführung bei der nächsten Probe die Regie.

Der Zufall

Inhalt

Der Zufall ist ein Charakterstück in einem Akt von 30 Minuten Spieldauer.

Die vier Hauptakteure verkörpern **die Tugend, den Freigeist, den Ehrgeiz,** und **die Trägheit.** Die Farben Gelb, Blau, Rot und Grün kennzeichnen ihre Kleidung sowie die ihnen zugeordneten Bühnensektoren. Alle leben in einer gemeinsamen Welt und müssen zum Wohle aller ihren Beitrag leisten. Jeder handelt, denkt und fühlt in seiner ihm vertrauten Rolle, die sowohl dem eigenen Bild, der eigenen Erwartung und der der anderen entspricht. Es sind stets dieselben Mechanismen, die das Getriebe des Sozialgefüges in gleichförmiger Bewegung halten. Ihre durch Nebendarsteller pantomimisch wie auch sprachlich verdeutlichten **Phantasien** führen schließlich den **Zufall** herbei, der mit den Hauptakteuren ins Gespräch kommt und Verwirrung stiftet. Auf einmal erscheinen die Charaktere in einem anderen Licht, sie handeln, denken oder fühlen anders, denn der Zufall hat ihre anderen bislang nicht gekannten und auch ungeahnten Facetten offenbart.

Bühnenbild

Eine von drei Seiten einsehbare Bühne mit stufig angeordneten Zuschauerreihen ist ideal. Das Grundmaß der Bühne kann quadratisch oder rund sein und bildet die untere Spielebene. Die vierte nicht mit Zuschauern besetzte Seite bildet den Hintergrund, der ebenfalls stufig angeordnet ist. Auf dessen oberster Ebene bietet eine große helle Wand Sichtschutz für die Darsteller und gewährleistet beidseitig Zu- und Abgang. Ferner steht auf dieser Ebene ein Klavier mit einem Hocker. Die Mitte der Bühne kennzeichnet ein großer Teppich in den Farben Rot, Blau, Gelb und Grün. Darauf befindet sich ein etwa kniehoher Würfel aus Holz, der diagonal zu den Geraden der Bühne platziert ist. Seine vier stehenden Seiten sind in den Farben rot gegenüber gelb und blau gegenüber grün sowie die oben liegende Seite in orange bemalt. Auf dem Würfel steht eine Vase mit einem Blumenstrauß. Der Würfel unterteilt die Bühne in vier Sektoren. In jedem Sektor - jeder vertikalen Würfelseite gegenüber steht ein Stuhl, ein großer Arbeitstisch, bedeckt mit einem Tuch in der entsprechenden Sektor-Farbe, auf dem jeweiliges Arbeitsmaterial der →, vier Hauptpersonen liegt. Der Stuhl im grünen Sektor ist defekt. Frontal betrachtet befindet sich vorne links der rote, vorne rechts der grüne, hinten links der blaue und hinten rechts der gelbe Sektor mit den entsprechenden Personen, die in ihrer Sektorfarbe gekleidet sind.

Technik

Musik: *Morning has broken* von Cat Stevens *
Bydlo aus *Bilder einer Ausstellung* von Modest Mussorgsky (Orchesterfassung von Maurice Ravel) *
Fortuna aus der *Carmina Burana* von Carl Orff *
Water Moon von Andreas Vollenweider * *Poco Allegretto* aus der *3. Sinfonie* von Johannes Brahms.

Alle hier erwähnten Musikeinlagen sind Vorschläge.
→ **Urheberrechte**

Licht: Zu Beginn werden die sichtbaren Seiten des Würfels von gedämpften Scheinwerfern beleuchtet - die vier Sektoren mit entsprechenden Farbfolien.
Nach etwa 15 Sekunden setzt die Musik ein.
Bei den Phantasieszenen wird die große Wand im Hintergrund in der jeweiligen Farbe beleuchtet. Weitere Anweisungen sind in der Regie zu finden.

Personen: Die vier Hauptakteure arbeiten in ihrem jeweiligen Sektor. Das auf dem Würfel offerierte Obst wird zwischendurch verzehrt.
Mit Ausnahme des Zufalls werden die Darsteller im Stück namentlich nicht angesprochen. Im Text werden sie nach ihrer jeweiligen Farbe betitelt. Alle spielen barfuss.

Charaktere

Rot ist der jähzornige, intolerante, nörgelnde und nur von sich selbst überzeugte Griesgram. Stets mürrisch und arbeitssüchtig ist er von Ehrgeiz zerfressen. Als Schneider hat er die Aufgabe, für die Kleidung der Gruppe zu sorgen. Während seiner filigranen Arbeit verliert er oft die Geduld und wirft alles hin. Steht nichts anderes in der Regie, näht er.

Requisiten in seinem Sektor: Stoffe, Garne, Schere, Maßband, Schnittmuster, Schneiderkreide, fertige und begonnene Kleidungsstücke.

Blau ist der Geistmensch, der Freidenker, der die Gruppe mit den Künsten bereichert. Er ist philosophisch, nüchtern und sarkastisch zugleich. Perfektionismus hat ebenso Priorität wie die Erkenntnis der Göttlichkeit in allem. Ungerechtigkeit und Ungenauigkeit begegnet er auf altkluge, leicht bissige aber sehr humorvolle Weise. Steht nichts anderes in der Regie, malt er.

Requisiten in seinem Sektor: Eine Staffelei mit einem großen durch ein Tuch abgedeckten Bild, ein kleineres Bild, Farben jeder Art, Pinsel im Pinselblock und Gläser mit angerührten Farben.

Gelb ist die Geberin, die verkörperte Urmutter. Geduld und Güte, Fleiß und Selbstlosigkeit sind ihre

Stärken, mit denen sie für das leibliche und seelische Wohl aller sorgt. Ihr Temperament bricht oft das Schweigen, ihre Energie gibt Kraft und ihre Klarsicht macht Mut. Steht nichts anderes in der Regie, präpariert sie Früchte und offeriert sie auf dem Würfel.

Requisiten in ihrem Sektor: Diverse in Schalen verteilte Früchte, vornehmlich Äpfel und Trauben, Radieschen in einem kleinen Korb, ein Wasserkrug, vier Gläser, vier Teller, ein großes Tuch, ein Messer.

Grün ist das faule, naive, immerwährende kleine Mädchen. Mit ihren Händen im Schoß und demütig das Schicksal ihres von Gott gegebenen Müßiggangs ertragend, träumt die Handwerkerin mit Leidenschaft von großen Dingen. Steht nichts anderes in der Regie, faulenzt sie.

Requisiten in ihrem Sektor: Allerlei Holz, Werkzeug, Nägel, Schrauben, Schraubzwingen, Hobel, Schleifpapier, Leim, ein Pinsel, ein Strohbesen sowie eine kaputte Puppe.

Phantasie * schwarz gekleidet
Der Zufall * mit langem weißen Gewand
Die Faulen * grün gekleidet (ca. 8 - 12 Darsteller)
Die Bösen * rot gekleidet (ca. 12 -16 Darsteller)
Der Pianist, der das Schlusslied begleitet

Handlung

In ihren Sektoren kauern schlafend die farbigen Dar-
steller. Gelb und Blau liegen auf den untersten Stu-
fen der Zuschauerreihen, Grün liegt unter dem Tisch
und Rot schläft über den Tisch gebeugt auf seinem
Stuhl sitzend. Nachdem der Würfel beleuchtet wird
und die Musik, z.B. **Morning has broken** *begonnen*
hat, werden auch die vier Hauptpersonen von farbi-
gen Scheinwerfern - die ihrer Farbe entsprechen -
angestrahlt. Dieses geschieht nacheinander, wobei
bei jeder Strophe des Liedes eine Person erwacht.
Zuerst wird Gelb beleuchtet. Sie gähnt und räkelt
sich ein wenig, setzt sich aufrecht, lächelt und kämmt
mit den Fingern leicht ihr Haar. Währenddessen
wird bereits Blau beleuchtet, der bei der 2. Strophe
erwacht. Er steht gemächlich auf, legt die Hände an
die Schläfen, konzentriert sich, lockert sich ein wenig
und beginnt seinen allzu unordentlichen Arbeitstisch
aufzuräumen. Bei der 3. Strophe wird Rot beleuchtet,
der mit seiner Arbeit vom Vortag in der Hand er-
wacht. Kurz entschlossen reibt er einmal kräftig sein
Gesicht, um seine Arbeit wieder aufzunehmen. Mür-
risch betrachtet er sein Werk. Währenddessen setzt
die 4. Strophe ein und Grün wird beleuchtet, schläft
allerdings weiter. Rot sieht von seiner Arbeit auf - zu
Grün, während Gelb sich an die Ihre begibt und
Blau immer noch in Seelenruhe aufräumt. Endlich
regt sich auch Grün, indem sie sich sehr zäh und
auch nur mit dem Oberkörper aufrichtet.

Grün: „Oh mein Gott!" *Mit diesen Worten wartet sie bis der Text der 4. Strophe beendet, die etwas leiser gestellte Musik aber noch zu hören ist. Sofort kreuzt sie die Arme über dem Kopf, legt sich wieder hin, um weiter zu schlafen.*

Rot: „He, du Faulpelz, aufstehen, die Arbeit tut sich auch heute nicht von allein!" *Mürrisch.*

Gelb: *summt, ist mit der Speise beschäftigt, ist fröhlich, fast ausgelassen, stellt die Blumen weg und stellt Obst auf den Würfel, dabei mit zwei, drei Schritten leicht gebückt Grün zugewandt* „Guten Morgen, meine Liebe, guten Morgen … ein neuer Tag hat begonnen!" *Singt bis zu ihrer nächsten Rede.*

Grün: „Och neeeee, nicht schon wieder … *(jammert)* … der letzte war doch schon so anstrengend." *vergräbt sich noch mehr.*

Rot: „Jetzt hört euch das an ... wie kann *(schlägt mit der flachen Hand auf sein Bein)* man nur so faul in den Tag hinein leben … es ist eine Schande! Undankbares und nutzloses Ding!"

Gelb: „Ach, sei nicht so streng ... *(abwinkende Handbewegung)* ... jeder auf seine Art.“

Rot: „Parasit!“ *(sehr laut und sehr zornig).*

Gelb: „Jetzt hör aber auf ... jeder von uns erfüllt seine Aufgaben so wie er kann ... nach bestem Wissen und Gewissen!“

Rot: „Aufgabe erfüllen? ... Parasit! Parasit! *(wieder laut und zornig)* Die Arbeit liegt doch nur 'rum, wie ihr seht, sie liegt und liegt und nichts passiert! Rein gar nichts! Dabei gibt es nichts ... *(sehr stark betont)* ... nichts Erfüllenderes als die Arbeit! Was ist der Mensch ohne seine Arbeit! Aber so eine ... missratene Kreatur begreift das nicht ... für sie gibt es nur Fressen und Schlafen ... Schlafen und Fressen ... Tag ein Tag aus! Pfui Schande!“

Gelb: *halb singend* „Mit leerem Magen sollte man nicht arbeiten *(verneinende Finger-bewegung)* ... und auch nicht streiten! Jetzt kommt erst mal ... und stärkt euch für den Tag ... und dann sehen wir weiter!“ *sie stellt einen Wasserkrug und vier Gläser auf den Würfel. Gelb setzt sich hin.*

Rot: *wirft betont seine Arbeit auf den Tisch, springt auf und murmelt spöttisch imitierend* „**Und dann sehen wir weiter, sehen wir weiter ... möchte mal wissen, was es da schon Großartiges zu sehen gibt!**

Grün rafft sich ganz gemütlich auf und torkelt schlaftrunken mit einer kaputten Puppe in der Hand zum Würfel, lässt sich dort schlaff nieder und blinzelt mit einem Auge.

(geht dabei grummelnd auf und ab) **Da seht ihr, seht ihr ... hab ich's doch gesagt: Schlafen und Fressen, Fressen und Schlafen!**"

Blau: *sortiert seinen Pinselblock und korrigiert völlig nüchtern* „**Fressen und Schlafen, Schlafen und Fressen!**" *nimmt einen Pinsel und deutet auf Rot.*

Rot: *sieht Blau verdutzt an* „**Das hab ich doch gesagt!**" *setzt sich an den Würfel.*

Blau: „**Nein** *(sehr bestimmend, Pause)* **... du sagtest ... Fressen und Schlafen, Schlafen und Fressen und nicht umgekehrt.**"

Gelb: *fordert Blau lachend auf* „Komm setzt dich zu uns ... na komm schon ... komm, komm, komm!" *fast singend, klopft dabei mit der flachen Hand auf den Boden.*

Blau setzt sich und isst. Gelb singt fröhlich bis zum 2. „Pffffe" von Rot.

Rot: „Und nicht umgekehrt *(wieder lächerlich imitierend)* ... ist doch wohl völlig egal, in welcher Reihenfolge ich das sage! Haarspalterei!! Verdammte Haarspalterei!"

Alle essen und trinken.

Blau: „Egal ... gibt es nicht! *(Pause und nimmt einen Bissen in den Mund)* Auf die Feinheiten kommt es an! *(Zeigefinger)* Sie können alles in ein völlig anderes Licht tauchen und der winzigste Tupfer ... kann ein ganzes Bild gigantisch verändern."

Rot: *würgt ihn ab* „Pffffe *(verächtlich)* ... Künstler!"

Blau: *isst weiter, lässt sich nicht beirren und fährt fort* „Ein falsches Wort im falschen

Moment kann einen Menschen zu Fall bringen und ein falsches Ereignis zur falschen Zeit ... kann die Welt erschüttern!" *Isst weiter ohne eine Mine zu verziehen.*

Rot: „ **Pffffe** *(verächtlich wie vorher)* ... **Künstler!**" *Winkt dabei mit der Hand ab, versucht ihn zu ignorieren.*

Blau: *nüchtern* „**Das sagtest du bereits!**"

Rot: *noch verächtlicher, fast schon ausspuckend mit einer arroganten, abweisenden Handbewegung* „**Schöööööngeist!**"

Blau: *nimmt sein Wasserglas und prostet Rot grinsend zu* „**Wohl bekomm's! Auf diesen wunderschönen taufrischen neuen Tag ... Kleingeist!!**"

Grün: *prustet mit voll gestopften Backen, verschluckt sich dabei ein wenig ohne dabei aufzusehen und wiederholt belustigt aber in sich hinein* „**Kleingeist!**"

Rot: „**Was war das eben? Kleingeist? Du ... du ... du Kröte nennst mich Kleingeist? Du kriechende, klebrige und stinkende Kröte!**" *erhebt sich und will auf Grün* *losgehen, die ihr Gesicht zum Schutz unter ihren Armen verbirgt. Rot reißt Grün die Puppe aus der Hand und schleudert sie weit weg.*

Blau: *ermahnt trocken, knapp* **„Haltung, mein Guter!"** *und hält Rot souverän zurück.*

Gelb: *beugt sich schützend zu Grün* **„Aaaach ... keine Angst, dir wird schon nichts passieren!"**

Rot: **„Stimmt genau, dir passiert auch nichts mehr, außer dass du vielleicht irgendwann in der Hölle schmoren wirst als Belohnung für deine ewige Trägheit!** (*er verlässt den Tisch, nimmt laut grummelnd und räuspernd seine Arbeit energisch wieder auf, wobei er den typischen Schneidersitz einnimmt*) **Unsereins arbeitet sich krumm ... aber du ...!"**

Blau: **„Es gibt nichts Erfüllenderes als die Arbeit! Das waren zumindest deine eigenen Worte!"**

Gelb: *wohlwollend, freundlich, sanft* **„Stimmt, es waren ganz genau deine Worte. Und wenn du deine Arbeit so liebst, wo liegt**

dann bitteschön das Problem? Es können nicht alle Menschen gleich sein!"

Blau: „Es wäre zudem sehr langweilig und
unbefriedigend! Was meinst du? *(er
wendet seinen Kopf Grün zu)* Hm?"

Grün: *nickt mehrfach* „Hm …. joa ... könnte
was dran sein!" *isst weiter.*

*Blau geht an seine Arbeit und malt Farbtupfer auf
ein Bild, welches er auf seinem Schoß in der Hand
hält.*

Rot: „Schnick-Schnack. Es kommt darauf an
... wie ... man ist. Natürlich dürfte es
kein faules und nutzloses Gesindel mehr
geben ... stellt euch das vor ... die reins-
te Katastrophe ... gar nicht auszuden-
ken ..."

*Die bisher aktiven Scheinwerfer werden herunter
gedreht und die helle Wand wird grün beleuchtet.*
<u>*Aus dem Off - hinter der Wand - kommen 8 bis 12
grün gekleidete, schlaftrunkene Darsteller im En-
tenmarsch, die gähnend und gebückt, jammernd
und stöhnend eine Runde um die Wand trotten. Ge-
beugten Hauptes und mit zerzausten Haaren werden
sie durch z.B.* **Bydlo** *von Mussorgsky musikalisch*</u>

begleitet. Rot gibt das Stichwort für das Ende von Licht und Ton.

Rot: „In Gottes Namen … weg damit! Weg!"

Alle verschwinden wieder im Off. Die helle Wand wird abrupt abgeblendet und die ursprünglichen Scheinwerfer wieder aktiviert. Die Sequenz darf nicht länger als 30 bis 40 Sekunden dauern.

Blau: „Tz tz tz … du sprichst in Gottes Namen! … eine Spur zu vermessen … schätze ich!"

Gelb: „Oh … Gott-oh-Gott! … Er hat sich was gedacht dabei …" *halb singend.*

Blau: „Gott … oder wie auch immer ……." *wird unterbrochen.*

Gelb: „ … Und wir sind alle seine Kinder!" *immer noch singend.*

Blau: „Und damit auch dieses Gesindel, wie du es formulierst."

Rot: „Gott muss sich vertan haben! Aber gewaltig!"

Gelb: „Lass es jetzt gut sein, du gehst zu weit!" *streng aber immer noch freundlich. Steht forsch auf und deckt den Tisch ab, lässt das Essen von Grün stehen.*

Blau: „In seiner maßlosen Vermessenheit ... würde er noch um einiges weiter gehen ... und könnte er es zuwege bringen, denke ich, gäbe es nur Menschen wie ihn ... eine ebenso nicht auszudenkende und gigantische Katastrophe!"

Rot: „Unfug! Unfug! *(kurz und knapp)* Nichts als Unfug! Alle wären eifrig und fleißig und strebsam, die Arbeit wäre stets zur rechten Zeit getan, alles wäre sauber und ordentlich und rechtschaffen und ... und ... und ..."

*Er wird abgewürgt vom schlagartigen roten Lichtwechsel auf der hellen Wand und von der laut einsetzenden Musik, z.B. der Carmina Burana (**Fortuna**, 1. Lied), während 12 bis 16 rot gekleidete Darsteller beidseitig aus dem Off erscheinen und zunächst majestätisch stolz bis angeschwollen die Treppen hinab marschieren. Ihre Gesichter sind weiß geschminkt, die Augenbrauen schwarz und diabolisch, die Haare streng nach hinten gebunden oder gelegt. Zu der wechselnden und sich steigernden Musik bieten sie ein eindrucksvolles Mimenspiel. Im Takt laufend nä-*

hen sie verbissen an den imaginären Schneiderarbei-
ten in ihren Händen, verdoppeln dann ihr Tempo,
wenn die Musik sich steigert, bis sie schließlich wäh-
rend gewaltiger Riesensprünge mit ihren Händen
eine Schere bilden und sie immer wieder zuschnap-
pend gegen die auf der Bühne befindlichen Darstel-
ler, vor allem gegen Rot sowie auch gegen das Pub-
likum richten. Sie drehen mehrere immer schnellere
große Runden am Rand der unteren Spielebene so-
wie zwischen den Zuschauerreihen. Wenn sich die
Musik in den letzten Takten befindet, entfernen sich
die Darsteller vom Ort des Geschehens und nehmen
dabei alle zur Verfügung stehenden Wege, um blitz-
schnell im Off zu verschwinden.
Nach etwa 3 Minuten herrscht schlagartige Ruhe,
schlagartiger Lichtwechsel – alles ist wie vorher.

Blau: *nun Rot ihm mit dem Kopf und einem*
Schritt zugewandt affektiert imitierend
„In Gottes Namen … weg damit! Weg!"

Gelb: *Ordnung schaffend* **„Ich glaube auch!**
(Pause) **Es ist besser … und es hat schon**
alles seinen Sinn … so wie es ist, auch
wenn wir's nicht immer sofort verste-
hen. Und was nicht so bleibt, wie es ist,
wird ebenso einen Sinn haben und bis
dahin … sollten wir alle unser Bestes
tun und miteinander auskommen. *(Grün*
mit einer Geste zugewandt) **Und jetzt ver-**

suche ein bisschen zu arbeiten. Husch Husch!"

Alle arbeiten, sogar Grün - am letzten Schliff eines Besens. Mit Leim und Pinsel will sie ihr Werk vollenden. Gelb sitzt an ihrem Tisch und hält einen kleinen mit Radieschen gefüllten Korb auf ihrem Schoß. Blau sitzt an seinem Bild und tupft. Rot sitzt in der äußersten Ecke seines Sektors im Schneidersitz auf dem Tisch, immer noch mürrisch über das soeben gelaufene Gespräch, sticht sich in die Finger.

Rot: **„Verflucht noch mal! Verdammter Mist!"** *und saugt das Blut aus seinem Finger.*

Gelb: *singt und greift dabei – sich reckend und leicht aufrichtend - nach dem Messer, das sie auf dem Tisch vergessen hat, der Korb kippt dabei um und alle Radieschen fallen auf den Boden* **„Huppsala!** *(lacht laut über sich selbst)* **Ihr wollt doch wohl nicht frech werden … zurück ins Körbchen mit euch!"** *singt weiter...*

Grün legt den Besen wieder ab und hilft Gelb beim Einsammeln. Beide hocken auf dem Boden, Grün ergattert sich dabei unentwegt und scheinbar unauffällig ein paar Trauben vom Tisch des gelben

Sektors, kaschiert dieses durch lautes Mitsingen, das sich mehr und mehr steigert.

> *... wird aufmerksam, unterbricht ihren Gesang völlig überrascht* **„Herrschaftszeiten! Ich wusste gar nicht, dass du singen kannst! ... Und das noch mit Trauben im Mund! Ha ha ha!!"**

Grün sieht Gelb an und zögert.

Rot: *flucht erneut* **„Zum Teufel!"**

Grün singt zögernd weiter.

Gelb: **„Sing ruhig weiter!** *(nimmt auch ein paar Trauben)* **sing weiter ... ich bin froh, wenn ich mal eine andere Stimme hör' als immer nur meine eigene. Du solltest ruhig viel häufiger singen."**

Grün: **„Meinst du wirklich?"**

Gelb: **„Ja natürlich mein' ich das, wenn ich's doch sage!"**

Grün: **„Hm ... joa ... sollt' ich vielleicht tun."**

Gelb: **„Dann tu es!** *(Grün skeptisch)* **... was hindert dich daran?"**

Grün: „Mm ... es gibt schon ein paar Dinge, die ich häufiger tun sollte, gibt auch 'n paar, die ich ... sehr gerne tun würde, aber ...“

Gelb: „Was denn zum Beispiel? Erzähl doch mal!“

Grün: „Och ... so einiges halt ...“ *drucksend.*

Gelb: *auffordernd* „Ja!?“

Grün: „Joa ... ich würde ......“

Rot: „Verflixt und zugenäht, jetzt ist der Faden wieder zu kurz!“

Grün: „... Ich würde schon gerne häufiger singen ... und ... auch so ... musizieren ... vielleicht auch tanzen ... oder ... *(der Blick verklärt sich, die Stimme ist entschlossen, der Körper betont aufgerichtet)* auch in die Natur hinaus ... ja ... und den Flug der Vögel studieren ... ja vielleicht sogar mit Ihnen gemeinsam fliegen, aber ... *(großer Seufzer und sackt wieder zusammen, Sprache wie gehabt)* ich bin eben ... zu faul dazu ... es würde mich sowieso alles nur anstrengen. Nur manchmal ... *(resigniert)* ... da träum' ich ganz gerne davon, *(steht auf, um sich wieder für ein Nickerchen hinzulegen)* wenn mir die Arbeit mal wieder über den Kopf wächst … aber ich bin halt faul geboren und werde faul sterben … ich kann nichts dran ändern."

Gelb: *legt nun ihre Arbeit in den Schoß* „So ein Unsinn! Wer sagt, dass du faul bist?" *Grün deutet währenddessen mit dem Kopf in Richtung Rot.*

Rot: „Hä … hä … hä!" *lacht hämisch und nickt triumphierend mit dem Kopf.*

Gelb: *weiter und sich nicht beirren lassend* „Kein Mensch ist faul geboren! Weder faul … noch fleißig … weder stark noch schwach … es ist alles eine Frage des Wechsels … Geben und Nehmen … das ist die Natur. Denk' nur an eine kleine Blume, die im Schatten einer anderen nicht wachsen kann, obwohl sie vielleicht sogar die stärksten Wurzeln hat und sich nichts sehnlicher wünscht, als sich in ihrer vollen Pracht zu entfalten … und du … bist eben nur ein bisschen langsamer und brauchst wahrscheinlich deine Energie im Moment noch für ganz andere …"

Rot: *würgt Gelb brutal und höhnisch lachend ab* „Energie! Ha! Tanzen! Musizieren! Vogelflug! Trallala, Trillala, Tirallala! Kein Wunder, dass da die Arbeit über den Kopf wächst! Wenn man regelmäßig etwas tut, dann kann einem so etwas nie passieren. Mir *(sehr betont, zeigt auf sich)* würde die Arbeit niemals über den Kopf wachsen!"

Gelb sieht erbost zu Rot, steht forsch auf und stellt ihre Sachen auf ihren Tisch, während sich Grün immer wieder Trauben stibitzt und dabei mit einigen Holzstücken spielt.

Blau: „Es könnte eventuell daran liegen, dass du gar keinen hast ... zumindest keinen besonders Erwähnenswerten."

Rot: „Mein Kopf geht dich nichts an, du Pinselpanscher! Was da drin passiert *(er tippt an seine Schläfe)* weiß niemand! Ich allein ... weiß es!"

Blau: „Es kann nicht sehr viel sein ... du solltest es besser für dich behalten! Und du, *(dreht sich um und zeigt mit dem Pinsel auf Grün, die mit voll gestopftem Mund verharrt)* du solltest bevor du deine Flügel ausbreitest, um mit den zu Vögeln

zu ziehen, vielleicht erst mal die seinen *(zeigt nun mit dem Pinsel auf Rot)* **ein wenig stutzen."** *Geht wieder an sein Bild, tupft weiter.*

Gelb: *zu Grün geneigt* **„Mach es so wie du kannst und lass dich nicht zermürben!"** *und widmet sich wieder ihrer Arbeit.*

Grün: *gelingt es erneut, sich einige Trauben zu ergattern, richtet sich auf und wendet sich mampfend Blau zu* **„Ja ... du könntest aber recht haben ...** *(Blau hält inne und sieht Grün an)* **vielleicht sollte ich ihm tatsächlich die Flügel stutzen und ihm mal ..."** *(selbstbewusster als zuvor).*

Sekundenschneller und schlagartiger Lichtwechsel. Alle Scheinwerfer werden sofort herunter gedreht und die helle Wand beleuchtet.

Ein schwarz gekleidetes Kind, die Phantasie von Grün darstellend, betritt rechts aus dem Off die oberste Spielebene (bildet mit Rot eine Diagonale der Bühne), setzt die Worte von Grün absolut lückenlos fort, laut und energisch, wütend und giftig.

Phantasie: "... So richtig meine Meinung sagen, wie ich denke und was ich wirklich von ihm halte. *(kommt einige Stufen herunter ohne die untere Spielebene zu betreten, passiert die helle Wand in einem Bogen und ...)* Du bist ein schrecklicher, widerlicher, griesgrämiger, verbissener alter Besserwisser, der nur sich selber sieht ... der keine Sonne in seinem Herzen hat ... der zerfressen ist von Hass und Neid und Missgunst ...! Bei deinem Anblick kann kein Vogel mehr singen und keine Blume mehr blüh'n, nicht mal mehr der Wind hat Lust zu wehen, wenn er dich sieht! Alles erstickt, weil in deiner Nähe das Leben zur Hölle wird ... zur unnachgiebigen und nie endenden Folter! Du *(Fingerzeig, während sie einen Schritt auf Rot zugeht)* bist hier die eigentliche Schande! Wenn du könntest, würdest du sogar Gott ausschalten, *(Rot wendet sich seitlich ab)* um selber Gott zu sein! Alleiniger Gott ... und ... bei Gott ! ... du wärst allein ... ganz allein in deiner kalten und armseligen Welt, in der es absolut nichts gibt außer dir selbst!" *... verschwindet über die Stufen zur linken Seite im Off.*

Licht sofort aus, Scheinwerfer wie zuvor.

Blau: *betrachtet sein Bild aus Distanz* „**Gigantisch!**" *kommentiert jedoch damit den Monolog der Phantasie.*

Rot: *steht auf und schneidet am Tisch einen Stoff zurecht, misst aus, zeichnet ein etc. und arbeitet nun eine Weile am Tisch. Das Maßband ist um seinen Hals gelegt. Während der folgenden Szene grummelt er leise in sich hinein* „**12 cm ... 20 cm ... 8 cm ... 8 ein halb ... ghrr ... passt schon wieder nicht ... 16 cm ...**" *etc. bis zum baldigen Scheinwerferwechsel.*

Grün: „**Tja, aber wahrscheinlich werde ich das nie tun ... vermutlicht bin ich selbst dazu zu träge ...**"

Gelb: *geht zum Würfel und deckt das Essen von Grün ab* „**Sag' das nicht! Wer weiß ...**" *melodiös und in sich gekehrt.*

Blau: *schüttelt den Kopf, noch betonter aber für sich* „**Gigantisch!**"

Gelb: *wendet sich schnell wieder Grün zu* „**Ob dir nicht doch noch Flügel wachsen ...!**"

Grün: *gibt Gelb den fertig gestellten Besen, diese geht zu ihrem Tisch und fegt* „**Vielleicht**

**ist es mir auch nicht wichtig genug ...
ich weiß es nicht. Außerdem würde es
sicherlich sowieso nichts nützen ... also
weiter in meinen Trott ... Tag ein Tag
aus!"** *und nimmt die Arbeit wieder auf.*

Blau: *in Gedanken Grün nur halb zugewandt*
**„Es wäre in der Tat gigantisch, das ...
musst du zugeben** *(nimmt sein Bild wieder näher an sich)* **... aber wer weiß ...
eines Tages vielleicht ..."**

Rot setzt sich halbseitig auf den Tisch.

*Während alle arbeiten, werden die Scheinwerfer
der vier Sektoren ein wenig gedrosselt, der in dieser Szene freie Würfel dagegen wird verstärkt beleuchtet. Im Hintergrund vernehmen wir Musik (z.B.*
Water Moon *von Andreas Vollenweider). Eine mit
einem langen, weißen Gewand bekleidete Gestalt
betritt scheinbar aus dem Nichts (z. B. aus einer Ver-
senkung oder aus den Zuschauerreihen) die Bühne
und geht - zunächst von den Hauptdarstellern unbe-
merkt - zum Würfel. Der Darsteller wird während
seines Auftritts von einem violetten Scheinwerfer
verfolgt. Nun wird die Musik leiser gestellt, läuft im
Hintergrund bis zum Ende seines Auftritts. Der
Klang seiner Stimme wirkt durch eine Art lautes
Flüstern geheimnisvoll, dennoch spricht er klar und
deutlich.*

Zufall: „Nichts bleibt, wie es ist und nichts ist, wie es scheint ... *(stößt den Würfel nun so energisch und zügig an, dass er auf dem Teppich rutscht und somit eine viertel bis halbe Umdrehung vollzieht. Zu Blau→)* Schwarz ist nicht schwarz und weiß nicht weiß ... *(Zu Gelb, die den Besen abgestellt hat und im Sitzen arbeitet→)* Licht nicht Licht und Schatten nicht Schatten ... *(Zu Rot→)* Gut nicht gut und böse nicht böse ... *(Zu Grün→)* Nichts als Blendungen und Spiegelungen, die in die Irre führen ... zu einem großen Verwirrspiel der Sinne. *(dreht sich um sich selbst und geht zum Würfel vor Kopf, dreht ihn erneut, dass wieder eine viertel bis halbe Umdrehung vollzogen wird - die Farben befinden sich danach nicht mehr an ihrem ursprünglichen Platz)* Ein Müßiggänger wird in andrem Licht erblüh'n und ein Peiniger den Frieden finden, wenn kein Schatten mehr sein Auge trübt ... *(lauter und sehr entschieden)* ... und nichts bleibt wie es ist und nichts ist wie es scheint." *Er dreht sich zum Off, um die Bühne wieder zu verlassen, wird jedoch aufgehalten, während Grün bereits bei seinen letzten Worten ganz dezent von einem weiteren zusätzli-*

chen orangen Scheinwerfer beleuchtet wird.

Rot: *springt auf* „Halt! Stopp! Hier geblieben! Was soll das? Was soll das heißen?"

Zufall: *bleibt stehen und dreht sich halb um, spricht nun normal* „Das heißt, dass jeder Tag ein neuer Tag ist. Und jeder neue Tag ist eine neue Chance, Dinge anders zu tun oder anders zu sehen." *er wendet sich wieder ab, um weiter Richtung Off zu gehen.*

Rot: „Du willst doch wohl damit nicht sagen, dass ... dass ..." *verdutzt.*

Der Zufall bleibt erneut stehen.

Blau: *fällt ihm ins Wort* „Dass sogar du ein Anderer sein kannst ... vorausgesetzt dass du eine Notwendigkeit darin siehst oder ... der Zufall das so möchte!" *setzt sich auf seinen Stuhl, sortiert Farben etc.*

Zufall: *dreht sich erneut halb um und unterstreicht seine Worte mit einer sich öffnenden Geste* „Ja ... es ist ganz einfach!"

Rot: „Warum sollte ich anders sein wollen ... gibt doch nicht den geringsten Grund dafür ... was soll das Ganze überhaupt ... kommt hierhin ... wildfremd und will unsere Welt auf den Kopf stellen und ...“ *sehr aufgebracht.*

Zufall: *unterbricht Rot, dreht sich ganz um und geht in kleinen Schritten in seine Richtung* „Ich bin kein Fremder, denn ...... *(verneinende Handbewegung)* wir sind uns schon oft begegnet. Doch leider nimmst du mich nicht wahr ... und ich komme auch nicht einfach so daher, weil ich nichts Besseres zu tun habe. Ich muss ebenso wie ihr meine Aufgabe erfüllen.“

Gelb: „Aber ... wer bist du?“ *streift dabei mit einem Tuch die Hände von der Arbeit sauber und geht auf den Zufall zu.*

Grün legt die Arbeit hin und klaut sich erneut Trauben, sortiert wieder ihre Sachen auf dem Tisch.

Zufall: „Ich bin der Zufall!“ *sehr bestimmt, lächelnd.*

Rot: *bricht in schallendes Gelächter aus* „Der Zufall *(verächtlich)* Der Zufall! Und

42

kommst wahrscheinlich … rein … zufällig!" *bäumt sich mit angeschwollener Brust provokativ auf, stemmt die Fäuste in die Seiten.*

Blau: **„Ich denke nicht, dass es diese Zufälligkeiten gibt und dass der Zufall zufällig kommt … denn es gibt keinen Zufall …** *(selbst irritiert über seine Worte und kopfschüttelnd)* **Gigantisch!"** *fasst sich stutzend an die Stirn, steht wieder auf und geht nachdenklich ein paar Schritte auf und ab, setzt sich wieder, zupft Härchen aus einem Pinsel.*

Grün setzt sich wieder hin und spielt weiter mit den Holzstücken.

Gelb: **„Aber mein Lieber, wie kann der Zufall vor uns stehen, wenn es ihn nicht gibt?"** *legt die Hand überlegend ans Kinn, halb auf den Mund.*

Zufall: **„Zufall ist nur ein Name, nur ein Wort … aber trotzdem bin auch ich Teil eines Plans und meine Aufgabe liegt eben darin, immer im entscheidenden Moment da zu sein!"** *Zufall läuft ins Off.*

Musik aus, falls nicht vorher schon abgelaufen, den violetten Scheinwerfer ausblenden. Gelb sieht ihm nach.

Rot: *geht ihm ein paar Schritte schimpfend hinterher* „**Ja meinetwegen da zu sein, aber nicht hier zu sein, wir können hier keinen Zufall oder wie auch immer gebrauchen … Pfffe … aus heiterem Himmel … so einfach mir nichts dir nichts … ganz ohne Grund … völlig bedeutungslos … Hirngespinste!**" *geht wieder zu seinem Tisch, um mit seiner Arbeit fortzufahren.*

Gelb: *hält immer noch das Tuch in der einen, verneint mit der anderen Hand* „**Nein nein nein nein nein … sag' nicht 'aus heiterem Himmel … wer weiß … vielleicht war er schon immer ganz in deiner Nähe … und steht schon lange vor dir …** *oder neben dir (belustigt, versteckt ihr Gesicht hinter dem Tuch, um im nächsten Moment mal von rechts, mal von links, mal von oben wieder hervor zu lugen)* **oder hinter dir und klebt dir an den Fersen und will dir was** *(sehr betont)* **bedeuten …**" *zeigt mehrfach mit dem Finger auf Rot und wirft warmherzig lachend ihr Tuch in seinen Sektor, geht zu* *ihren Tisch und beißt in eine Frucht, nimmt ihren Besen und fegt. Sie wird von einen violetten Scheinwerfer beleuchtet.*

Rot: *winkt verächtlich ab* „**Pfffe!**"

Blau: „**Die ein oder andere Bedeutungen zu erkennen, wäre gewiss recht sinnvoll** ... *(steht auf und durchstöbert seine Pinsel)* ... **der Zufall muss durchaus nicht toben wie ein Orkan** ... *(deutet mit einem Pinsel auf Rot)* ... **ich sagte bereits: auf die Feinheiten kommt es an** ... **mitunter** *(sehr betont)* **mag er nur hauchen wie eine kaum wahrnehmbare Brise** ... **und dir zuflüstern: ich bin dein Freund .**"

Grün: *leicht singend* „**Oder dein Feind!**"

Blau: *steht auf, taucht einen Pinsel in einen Farbtopf und rührt, bewegt sich dabei in Richtung Bühnenmitte* „**Er** ... **kann dich reich machen.**" *auf Rot zu.*

Gelb: „**Oder arm!**"

Blau: „**Er macht dich stark** ..." *rührt weiter.*

Grün: *aufzählend* „**Oder schwach!**"

Rot: *steht auf, geht einen Schritt in Richtung Grün* „Pah, gerade du!"

Grün steht auf.

Gelb: „Er macht dich heiter!"

Blau: „Oder trübsinnig!" *rührt weiter.*

Gelb: „Er macht dich weise!"

Grün: *als wolle sie ihn zum Duell auffordern, springt sie, ein Arm gegen ihn gerichtet und ein Arm hoch erhoben, mit einem Satz auf den überraschten Rot zu* „Oder blind!" *laut und forsch.*

Rot weicht erschrocken zurück, während Blau bereits einen mit reichlich Farbe getränkten Pinsel aus dem Farbtopf befördert und sich Rot genähert hat. Erst jetzt begreift dieser die Situation, will sich umdrehen, doch es ist zu spät.

Blau: „Und er zeigt dein Gesicht ... *(steht nun direkt vor Rot)* ... plötzlich ... *(fährt mit dem Pinsel über sein Gesicht und versetzt ihn samt seiner Arbeit in ein Farbgeschmiere)* ... in einem anderen Licht." *Der meist nüchterne Blau zeigt heißes Temperament, empfindet Genugtuung.*

Kurze totale Beleuchtung auf der Bühne. Rot wird dezent von einem zusätzlichen weißgelben Scheinwerfer beleuchtet, der allmählich intensiver wird. Gelb lässt den Besen fallen, hält beide Hände entsetzt vor den Mund und ist erstarrt vor Schreck. Auch Grün ist überrascht, kann sich jedoch ein schadenfrohes Grinsen nicht verkneifen. Mit vor den Mund gehaltener Hand dreht sie sich prustend um und geht zu ihrem Tisch. Dann herrscht mehrere Sekunden betretene Stille auf der Bühne, alle Personen erstarrt in Position. Blau bricht die Handlungsstille und hebt das Tuch von Gelb auf, das sie in Rots Sektor geworfen hatte, und reinigt den Pinsel darin - sehr ausgiebig, sehr langsam, genüsslich, mit akribischer Hingabe.

Rot: *schreit auf, hysterisch und kraftlos durch die Demütigung zugleich* „Was hast du getan, du Teufel? *(sieht fassungslos auf seine ruinierte Arbeit, wird mit jedem Satz schwächer)* Meine Arbeit … all die Arbeit! *(und wischt sich mit ihr das Gesicht sauber, schmeißt die Arbeit weit von sich auf den Boden, geht wieder in seinen Sektor und nimmt auf dem Tisch den Schneidersitz mit dem Rücken zu den anderen ein, murmelnd)* Fahr zur Hölle … fahr zur Hölle! *(schaukelt verzweifelt vor und zurück, ballt die Fäuste, mit denen er mal auf den Tisch, mal auf seine Knie schlägt.*

Geht zu seiner auf dem Boden liegenden Arbeit und kniet sich. Gepeinigt nestelt er mit den Fingern an der Arbeit) **So viel Mühe, so viel Plage ... und nun keine Anerkennung mehr ..."**
Sein weißgelber Scheinwerfer wird stärker.

Blau: *unterdessen wieder ernüchtert doch leicht spöttisch singend wie bei einem Abzählreim* **„Du bist böse ... ich bin böse ... eins zwei drei ... Spiel vorbei!"**
Blau wird nun ganz dezent von einem weiteren roten Scheinwerfer beleuchtet.

Rot: **„Hör auf!"** *in sich gebeugt.*

Grün stibitzt viele Trauben und macht es sich wieder gemütlich.

Blau: *dreht sich zeitgleich zu Gelb und wirft ihr das verdreckte Tuch zu* **„Ich danke dir, meine Gute!"**

Gelb: *fängt das Tuch auf, betrachtet es und seufzt* **„Na ja ...** *(zuckt einmal kräftig mit den Schultern, wirft es zu den Obstabfällen)* **...es war sowieso scheußlich!"** *und geht an ihre Arbeit ... beginnt wieder leise zu singen.*

Blau: *tupft sein Bild* „ **Du bist traurig, ich bin fröhlich ... eins zwei drei ...**" *hämisch, singend wie beim Abzählreim, tupft weiter.*

Rot: *verzweifelt* „**Hör auf! Hör schon auf!**" *dreht seinen Kopf halb zu Blau.*

Blau: „**Du bist gar nichts ... wir sind sehr viel ... eins zwei drei ... neues Spiel!**" *wieder wie Abzählreim.*

Rot: *verzweifelt flehend* „**Jetzt hör schon endlich auf damit! Ich halt das nicht mehr aus!**" *Wirft seine ruinierte Arbeit hin, sackt in sich zusammen.*

*Musik (z.B. **Poco Allegretto** aus der 3. Sinfonie von Brahms) setzt leise ein, steigert sich dann innerhalb weniger Sekunden.*
Stille auf der Bühne, Personen in Positionen wie beschrieben. Rot hält seinen Kopf, kauert am Boden, rafft sich bleischwer auf, nimmt seine verschmutzte Arbeit, torkelt und schleppt sich wie ein verwundeter Krieger zum Würfel, um sich dort erschöpft niederzulassen, zu kapitulieren. Auf dem Weg dorthin zögert er zweimal, hebt dann die von ihm zuvor dorthin geschleuderte Puppe wieder auf und setzt sich erschlagen an den Würfel, verweilt. Nach ca. einer Minute legt er die Puppe auf den Würfel. In diesem Moment wird die Musik sehr leise gestellt. Sein the-

atralisches Selbstmitleid wird von Gelbs wieder ein-
gekehrter Heiterkeit abgeschwächt und ad absurdum
geführt.

Rot: *apathisch* „**Gar nichts, ich bin gar nichts
... *(starrt vor sich hin)* ... hier meine Arbeit** *(legt sie auf den Würfel über die Puppe)* **ich kann nicht mehr ... ich will nicht
mehr ... wozu das Ganze ... ich bin so
müde!"**

Gelb: *lacht* „**Du bist gar nichts? ... Und wer
trauert hier? ... Verzweifelt hier? ... ein
Nichts?"**

*Grün setzt sich auf und beobachtet Rot, isst dabei
immer noch Trauben.*

Rot: „**Ich bin am Ende! Ich bin ganz unten!"**
vergräbt das Gesicht in seinen Händen.

*Grün legt die Trauben zur Seite und geht auf den
Würfel zu, nimmt die Arbeit von Rot schweigend an
sich, betrachtet sie sehr eingehend, versucht sie zu
säubern, geht währenddessen ausgedehnt langsam
auf ihren Tisch zu und singt.*

Gelb: „**Das macht nichts ... dann bist du eben
mal ganz unten! Lass den Kopf nicht
hängen deswegen. Wir sind alle mal**

ganz unten … hier … fang den Apfel!"
will ihm einen Apfel zuwerfen.

Rot: *winkt erschlagen ab* „Ich will nicht!"

Grün setzt sich an ihren Tisch.

Gelb: *heiter* „Jetzt fang ihn schon! Bitte! Ich will, dass du siehst, wie weit ich ausholen muss, damit ich ihn tatsächlich werfen kann … *(holt weit von unten aus)* um empor zu schießen, brauchst du die Kraft aus der Tiefe …*(und wirft den Apfel)* … das ist die Natur … und ganz so tief unten *(abwinkende Geste, geht lachend auf ihn zu)* wie du glaubst … bist du auch wieder nicht … und jetzt iss den Apfel *(nimmt tröstend seine Hand)* und komm wieder zu dir, mein Lieber!" *holt die Vase mit Blumen von ihrem Tisch, stellt sie auf den Würfel.*

Rot: *halb fragend, resigniert* „Mein Lieber? Hm … Du hast doch gehört was ich bin … ein widerlicher Griesgram … eine Schande … böse bin ich … böse!" *hält den Apfel und betrachtet ihn ohne jedoch zu essen.*

Grün beendet ihren Gesang.

Gelb: „Nein, du bist nicht böse ... nicht wirklich. Im Grunde deines Herzens bist du genauso wenig böse wie wir.“

Rot: *fragend wie zuvor* „Im Grunde meines Herzens? Mein Herz ist eine kalte Gruft, in der es keine Sonne gibt!“

Gelb: „Aber sicher ... gibt es auch in deinem Herzen Sonne ... sie versteckt sich nur hinter vielen dunklen Wolken!“

Rot: *atmet tief durch* „Nein, nein, nein ... du hast Sonne in deinem Herzen, du hast soviel davon, als wärst du die Sonne selbst ... so warm und angenehm, so anständig und freundlich! *(Pause)* Du kümmerst dich um jeden und liebst die Menschen ... in deinem Herzen wird es nie Wolken geben!“ *wehklagend.*

Gelb: *seufzend* „Ach ... das kannst du doch gar nicht wissen ...vielleicht sind sie da und du siehst sie nicht ...!“

Blau: *singt wieder wie beim Abzählreim* „Ich sehe was, was du nicht siehst ... weil du's nicht sehen willst!“ *wird von beiden ignoriert, nur Grün sieht zu ihm hin.*

Gelb: „Wo Licht ist, ist auch Schatten … glaubst du, dass das bei mir anders ist? … Nur manchmal sieht man den Schatten nicht …. und manchmal … kann man sogar das Licht nicht sehen … aber es ist da.

Rot beißt nun zögernd in den Apfel.

Stell dir vor, dass du ein Adler bist und dich der Zufall in eine Welt bringt, in der es keine Lüfte gibt … sondern nur die Erde und nur auf ihr darfst du dich bewegen … vielleicht lachen alle über dich: 'haaa, seht euch den Tollpatsch an' *(zeigt deutlich auf ihn)* … weil sie im Gegensatz zu dir die Erde beherrschen und du viel zu langsam und unbeholfen bist … doch niemand wird jemals erfahren … wie wundervoll du fliegen kannst!"

Blau: *schelmisch* „Und wenn es mich in eine Welt verschlägt, in der es nur Schwarz gibt, würde niemand jemals erfahren, wie absolut göttlich und gigantisch meine bunten Tupfer sind!" *deckt dabei ein großes Bild auf einer Staffelei auf, indem er ein darüber gehängtes Tuch herunter zieht. Wir sehen auf diesem Bild die vier*

Hauptakteure, die Phantasie und den Zu-
fall.

Grün: *imitiert nun Blau wie bei dem Abzählreim*
„Guter Maler ... schlechte Bilder ...
eins zwei drei ..." *grinst.*

Blau stutzt, sieht Grün kurz an, wendet sich wieder
seinem großen Bild zu, geht einige Schritte zurück
und betrachtet es aus der Distanz, schaut wieder zu
Grün, die sich zum Würfel begibt, dort niederlässt
und ihre Traubenvorräte ablegt. Die Arbeit von Rot
hält sie in den Händen.
Die Scheinwerfer in den Sektoren werden bis auf ein
Minimum herunter gedreht, nur Blau wird mit dem
Bild beleuchtet.

Blau: *stutzt kurz* **„Fast ... aber nur fast ... hät-**
te ich mich darauf eingelassen *(zögert*
und schüttelt den Kopf) **... mh ... es gibt**
keine schlechten Bilder *(sieht sein Bild*
an) **... jeder winzigste Tupfer ist ein Teil**
von mir *(tupft dabei in die Luft)* **... ein**
Teil von dir ... von ihm ... von ihr ... gi-
gantisch ...

Rot gibt Grün die Puppe zurück und Grün gibt Rot
die Arbeit zurück.

... man stelle sich das vor ... *(völlig er-griffen)* **... diese vielen unzähligen bunten Tupfer in ihrer unendlichen und unerschöpflichen Vielfalt** *(deutet mit dem Finger auf sein Bild als würde er sie zählen)* **... lebendig ... wie lebendig ... in uns ...** *(schwebt gewissermaßen zum Würfel)* **wie gigantisch lebendig ... und wie** *(sehr betont)* **verschwenderisch ... sie zu versäumen!"** *bleibt am Würfel noch eine Weile stehen.*

Nun setzt der Pianist mit der Musik, z.B. **Morning has broken** *ein. Blau begibt sich zum Würfel und gesellt sich zu den anderen. Sein Scheinwerfer wird abgeblendet. Der Würfel bleibt beleuchtet, jedoch sehr gedämpft.*
Beidseitig aus dem Off kommen die singenden Faulen und Bösen die Stufen herunter und verteilen sich um den Würfel. Der Pianist bricht das Lied bei einem zu vereinbarendem Stichwort in der 2. bis 3. Strophe ab und verdeutlicht nun durch kraftvolles Anschlagen (Staccato) einzelner Tasten mit beiden Händen im Wechsel (Abstand Quart bis Quint) eine rasche und sprunghafte Abwärtsbewegung. Der Zufall flitzt zeitgleich die Stufen hinunter und kann sich gerade noch auf dem Würfel mit beiden Händen abfangen, was der Pianist auf den unteren Tasten über zwei bis drei Oktaven mit einem Riesenkrach betont. Sofort huschen die Finger auf die

gleiche Weise wie abwärts die Klaviatur wieder nach oben, zeitgleich laufen die Faulen und die Bösen ins Off. Kurze Stille.

Zufall: *greift den Blumenstrauß aus der Vase* **„Allein** *(leicht gebückt mit den Blumen in der Hand)* **der Zufall bleibt** *(holt weit von unten aus)* **und fordert auf … zu jedem Spiel!"** *wirft bei den letzten Worten den Blumenstrauß ins Publikum, dreht sich um, läuft die Stufen hinauf und verschwindet im Off.*

In umgekehrter Reihenfolge des Erwachens schlafen die vier Hauptdarsteller wieder ein. Auf dem Würfel verschränken sie die Arme und betten ihren Kopf darin zur Ruhe. Das Licht wird nun so langsam wie möglich gesenkt, damit die Darsteller noch einige Sekunden am Würfel verweilen können. Ende.

Uraufführung am 18. Juli 2003

Resumé

Der Zufall wurde am 18. Juli 2003 an einem Gymnasium in Essen uraufgeführt. Alles begann mit einer kleinen Idee, die nach einem Elternabend der damaligen Jahrgangsstufe 6 entstand. Die Abschlussfeier der Erprobungsstufe war einer der Themenpunkte dieses Elternabends. Um neben dem üblichen kalten Buffet, welches ich in keiner Weise gering schätzen wollte, mal etwas anderes darzubieten, schlug ich zunächst meinen eigenen Kindern sowie der Klassenpflegschaft vor, als Überraschung für die Klassenlehrerin ein Theaterstück einzustudieren und am besagten Tage aufzuführen. Durch die spontane Begeisterung wurde ein Rundschreiben in der Klasse verteilt, und innerhalb weniger Tage war eine Theatergruppe geboren. Ich schrieb das Stück und begann mit den Proben. Die Uraufführung war einschließlich der Pressekritik ein so großer Erfolg, dass die Schüler und Schülerinnen bereits 10 Tage später erneut mit ihrem Können vor einem noch größeren Publikum - mehrere Schulklassen - auftraten. Zum Stolz meiner Zöglinge wurde die dritte Aufführung am „Tag der offenen Tür" im Programmheft als Highlight des Tages proklamiert. Die enorme Resonanz von Seiten der Kinder, Eltern und Lehrer sowie meine eigene Begeisterung über die Zusammenarbeit mit der Klasse waren ausreichend Anlass, sich über ein Fortbestehen dieser Theatergruppe Gedanken zu machen. Der Entschluss, mich auf Kinder- und Jugendtheater zu konzentrieren fiel nicht schwer.

Die Theaterarbeit mit Kindern bzw. Jugendlichen verstehe ich nicht als ausschließliches Schreiben und Inszenieren eines Stückes. Ein solches Theaterprojekt erfordert nach meinem Anspruch im Idealfall autonomes Schaffen und Erschaffen in allen Ressorts, so dass bis zum letzten Kostüm die Dinge nach eigenen sowie in Kooperation mit allen Beteiligten erarbeiteten Entwürfen von eigener Hand kreiert werden, was beim Projekt **Der Zufall** problemlos bewerkstelligt werden konnte.

Ein weiterer nicht unwesentlicher Aspekt bei der Zusammenarbeit mit den Schülern und Schülerinnen ist die psychologische Aufgabe während eines Projektes. Um die Kinder anfänglich kennen zu lernen, erstellte ich in den ersten Stunden das Persönlichkeitsprofil. Einzelne Charakterzuordnungen waren dabei nicht entscheidend, mir ein Bild zu machen. Wichtig und interessant war die Mannigfaltigkeit der Beurteilungen, sprich die unterschiedlichen Sichtweisen sowie deren Hintergründe. Um den Kindern ihre eigene Situation innerhalb eines Sozialgefüges zu verdeutlichen, habe ich nach einigen Proben und speziellen Übungen den Einakter um einige Text- und Handlungspassagen erweitert und somit ihre reale Problematik sowie eine für Kinder verständliche Lösung in das Stück integriert. Die Entwicklung des Stückes ging mehr oder weniger Hand in Hand mit der psychologischen Entwicklung der Teilnehmer untereinander – „mehr oder weniger" deshalb, weil einige Kinder wie auch bei regulären Schulfächern sehr schnell die Zusammenhänge verstanden und demzufolge neue Sichtweisen angewendet haben, während andere wiederum trotz ihrer Bereitschaft Probleme hatten, bei einem „Sündenbock" beispielsweise auch eine positive Sichtweise zuzulassen. Durch viele Übungen und ausführliche Gespräche sind wir im Erkennen der Problematik und deren Lösung ein Stück weiter gekommen. Die Vorbereitungen dafür bedurften äußerster Genauigkeit und Sorgfalt, was meiner Ansicht nach der Mühe wert war.

Das Theaterprojekt **Der Zufall** 2003 war somit eine zufrieden stellende Kombination aus theaterpädagogischer Arbeit und gemeinsamen künstlerischem Schaffen.

Der Sinn einer Theatergruppe liegt in der gemeinsamen Sache, *für* die und *aus* der jeder lernt und bei der ich jegliche Wertigkeiten ganz ausschließen möchte. Auch wenn es besonders förderungswürdige Begabungen gibt, gilt es innerhalb eines Projektes einem Nebendarsteller den gleichen Stellenwert wie einem Hauptdarsteller einzuräumen, was in der Regel von den Teilnehmern verstanden und akzeptiert wird. Wie überall kommt es jedoch leider auch bei solch einer Projektarbeit vor, dass sich vereinzelte Bestrebungen entgegen der gemeinsamen Sache zu sehr am eigenen Ich orientieren.

61

Der vergessene Regen, der 2004 uraufgeführt wurde, bringt diese Abwege mittels eines von Ehrgeiz zerfressenen Schauspieleridols zum Ausdruck. Angesichts der Situation der Schüler und Schülerinnen als strebsame Schauspieler wurden innerhalb der Projektarbeit reale Motive und Hintergründe offenbar, die in den sich fortwährend wandelnden Zweiakter mit einbezogen wurden.

Die Schule, an der die **Theaterloge** ihren Anfang fand, hat es sich wie auch andere Schulen zur Aufgabe gemacht, stets „zu tolerantem, solidarischem und nachhaltigem Handeln und Denken" (Zitat Homepage) zu erziehen. Die neue Zeit der Irreführung und des Wertezerfalls durch die Medien macht es dringend erforderlich, die Verfolgung dieses Ziels zu unterstützen.

Urheberrechte

Text: Der Zufall ist urheberrechtlich geschützt. Um die Rechte für öffentliche Aufführungen zu erlangen, wenden Sie sich bitte an die → **Theaterloge**
E-Mail: meritbo@online.de
            theaterloge@online.de
Internet: www.meritbo.de
            www.theaterloge.de

Musik: Einige der in der Regieanweisung vorgeschlagenen Musikstücke sind urheberrechtlich geschützt. Um die Rechte für öffentliche Aufführungen zu erlangen, wenden Sie sich bitte an die entsprechenden → **Rechteinhaber**

Morning has broken von **Cat Stevens** sowie
Water Moon von **Andreas Vollenweider:**
Emi Music Publishing Germany GmbH & Co.KG
Postfach 301588 * 20305 Hamburg
Tel: 040-4140150
Fax: 040-41401515
E-Mail: germany@emimusicpub.com

Fortuna aus **Carmina Burana** von **Carl Orff:**
Schott Music GmbH & Co.KG
Postfach 3640 * 55026 Mainz
Tel: 06131-2460
Fax: 06131-2462/51 oder /11
E-Mail: info@schott-music.com

Bydlo aus **Bilder einer Ausstellung** von **Modest Mussorgsky** sowie die Orchesterfassung von **Maurice Ravel** sind urheberrechtlich frei.
Poco Allegretto aus der **3. Sinfonie** von **Johannes Brahms** ist im Original urheberrechtlich frei.